ANALISI DEL LIBRO

AF137511

Il richiamo della foresta

· · · · · · · · · · · · · · ·

JACK LONDON

ANALISI DEL LIBRO

Scritto da Noémie Lohay
Tradotto da Sara Rossi

Il richiamo
della foresta

· ·

JACK LONDON

JACK LONDON 5

Scrittore americano 5

IL RICHIAMO DELLA FORESTA 6

Un'avventura umana 6

SINTESI 7

Nel primitivo 7
La legge della clava e della zanna 7
Buck prende il comando 8
Stanco dell'imbracatura e della strada 9
La chiamata 9

STUDIO DEL CARATTERE 12

Buck 12
Spitz 13
Dave e Sol-Leks 13
Perrault e François 14
Manuel 14
Hal, Charles e Mercedes 15
Jack Thornton 15

ANALISI 16

Epigrafe 16
Natura umana e animale 16
Istinto 18
La metafora del Nord 19

ULTERIORI RIFLESSIONI 20

Alcune domande su cui riflettere… 20

ULTERIORI LETTURE 21

Edizione di riferimento 21
Studi di riferimento 21

JACK LONDON

SCRITTORE AMERICANO

- **Nato a San Francisco nel 1876**
- **Morto a Glen Ellen nel 1916**
- **Opere degne di nota:**
  - *Il richiamo della foresta* (1903), romanzo
  - *Il lupo di mare* (1904), romanzo
  - *Zanna Bianca* (1906), romanzo

Uomo avventuroso e impegnato, Jack London nacque a San Francisco nel 1876. A partire dal 1890, il suo amore per il mare aperto lo condusse verso mete lontane (Giappone, Inghilterra, Estremo Nord americano, Cuba) che ispirarono la maggior parte dei suoi romanzi. La sua carriera letteraria decolla nel 1903 con *Il richiamo della foresta*, che ottiene un immediato successo.

Accanto all'attività letteraria, Jack London si impegnò in politica iscrivendosi al partito socialista. Nel 1904 fu poi corrispondente di guerra sul fronte russo-giapponese. Logorato da infiniti problemi finanziari e dal consumo eccessivo di alcol, Jack London morì nel 1916 a soli 40 anni. Oggi è considerato uno dei più grandi autori americani.

IL RICHIAMO DELLA FORESTA

UN'AVVENTURA UMANA

- **Genere:** romanzo per ragazzi
- **Edizione di riferimento:** London, J. (1903) *Il richiamo della foresta*. [Online]. USA: Elegant Ebooks. [Accessed 1 September 2016]. Disponibile da: <http://www.ibiblio.org/ebooks/London/Call%20of%20Wild.pdf>
- **Prima edizione:** 1903
- **Temi:** lupo, Nord America, fedeltà, istinto, sopravvivenza

The Call of the Wild è stato la radice del successo di Jack London. È stato tradotto in numerose lingue e continua a riscuotere lo stesso successo che ebbe alla sua uscita. Questo libro, attraverso una scrittura poetica e al tempo stesso molto semplice, celebra la lealtà, la grandezza e la natura imprevedibile dei cani e la bellezza delle zone selvagge del Nord. Ma parla anche, metaforicamente, di un impressionante viaggio umano.

Alcuni critici letterari hanno anche visto nel testo una rappresentazione dell'autore come un cane e riferimenti al darwinismo attraverso gli atti violenti che vengono commessi per il dominio e la sopravvivenza.

SINTESI

NEL PRIMITIVO

Il cane Buck vive da quattro anni con la famiglia del giudice Miller nel sud degli Stati Uniti quando si ritrova coinvolto nell'avventura della corsa all'oro del nord. Venduto a un venditore di cani, viene colpito e viaggia per 48 ore su un treno in una piccola gabbia senza cibo né acqua. Finisce a Seattle con un altro venditore di cani che gli insegna, con terribile ferocia, il suo futuro posto tra gli uomini. Buck capisce allora che non può affrontare un uomo armato ("Un uomo con una mazza era un legislatore, un padrone a cui obbedire" p. 12). Tuttavia, mantiene il suo atteggiamento dignitoso.

Perrault, un corriere che lavora per il governo canadese, e il suo amico François acquistano Buck. Quando scende dalla nave con loro, nel Nord, Buck scopre la neve, che non ha mai visto prima, e le sue reazioni sorprese fanno ridere i due uomini.

LA LEGGE DELLA CLAVA E DELLA ZANNA

Buck impara molto presto che nel Nord c'è una sola legge: quella delle zanne (tra i cani) e della clava (l'arma che gli uomini usano per controllare i cani). Affronta una nuova prova: viene imbragato. Situato tra Dave e Sol-Leks, Buck scopre tutti gli aspetti della vita di un cane da slitta:

- come fare un buco nella neve per dormire senza disperdere il calore corporeo;

- come rubare il cibo (un atto giustificato dalla "lotta spietata per l'esistenza", p. 21);

- come sopportare il dolore, tirare fuori il ghiaccio incastrato nelle zampe, scavare nel ghiaccio per trovare l'acqua, indossare ciabatte di pelle e correre a temperature che sfiorano i 50 gradi sotto zero;

- come migliorare l'olfatto e l'udito e vedere la rabbia;

- la lotta per il predominio nel gruppo – Spitz, il capobranco, vede Buck come il suo avversario più forte.

Buck affronta bene il lavoro e cerca di aiutare i cani più deboli, ma odia Spitz e vuole prendere il suo posto come capo branco. Una notte, mentre va a caccia di un coniglio, Buck vede che Spitz lo segue e lo osserva. Per Buck è l'occasione della battaglia finale. Dopo una lotta sanguinosa, Buck batte Spitz e ne è felice. Permette persino agli altri cani di mangiare il cadavere del suo avversario.

BUCK PRENDE IL COMANDO

Buck pensa di meritare il posto di capobranco e Perrault e François sono costretti ad accettarlo. Non sono delusi, perché Buck sa come far lavorare tutti gli altri cani e come trovare sempre la strada giusta. I cani tornano a essere utilizzati dal servizio postale e compiono viaggi più brevi e regolari. Buck continua il suo lavoro di leader, anche se i percorsi sono ora meno interessanti. Pensa spesso alla famiglia del giudice, a Spitz e ai combattimenti, ma non ha nostalgia di casa perché sente i suoi istinti primordiali e ricorda la vita al freddo.

STANCO DELL'IMBRACATURA E DELLA STRADA

Sfiniti da un lungo lavoro, i cani sono depressi e hanno perso peso quando tornano nella città di Skagway. Vengono acquistati per una cifra misera da due uomini e una donna che vogliono partire per il nord alla ricerca dell'oro. La loro mancanza di esperienza si manifesta rapidamente: il cibo e lo stress sono gestiti male, i cani cominciano a morire a partire da un quarto del viaggio e gli uomini cominciano a litigare. I viaggiatori arrivano alla foce del White River all'inizio della primavera, quando il ghiaccio del fiume ha già iniziato a sciogliersi, con solo cinque cani. John Thornton, un cercatore d'oro che vive lì, li avverte dei pericoli dell'attraversamento del fiume. Buck non può farlo, percependo il pericolo ed essendo troppo debole. Non reagisce ai colpi che gli vengono inferti, ma Thornton non può sopportare di assistere a questo spettacolo violento e ferma l'uomo. Slega l'imbracatura di Buck e lo porta in piedi accanto a lui. Insieme, guardano gli altri annegare mentre il ghiaccio cede sotto il loro peso.

Buck viene accolto calorosamente da Skeet e Nig, i cani di Thornton. Tra l'uomo e Buck si sviluppa una forte amicizia. L'amore di Buck per Thornton è totalizzante; lo dimostra rischiando la propria vita per salvarlo dall'annegamento e trascinando un peso di 1.000 libbre per fargli vincere una scommessa.

LA CHIAMATA

Con il denaro vinto, Thornton, i suoi due colleghi e i loro cani partono alla ricerca dell'oro nel Canada orientale. Attraversano regioni selvagge che non sono state esplorate e finiscono per trovare una fonte d'oro. Si stabiliscono lì e Buck, che si trova a suo agio in questa regione isolata, sente sempre più forte un richiamo lontano che lo attira verso la foresta, e il ricordo di questa regione e di un "uomo peloso dalle gambe corte" (p. 73) lo perseguita.

Una notte, questo richiamo si concretizza nelle grida di un lupo, che Buck va a incontrare. Capisce che è così che ha risposto al richiamo che ha sentito dentro di sé. Caccia con la stessa agilità di un lupo, ma solo per nutrirsi e non per divertimento. Impara anche che è necessaria un'ultima sfida: cacciare un alce, il capo più anziano del suo gruppo. Questa missione psicologica e fisica lo impegna per quattro giorni.

Al ritorno all'accampamento di Thornton, Buck scopre che una tribù di Yeehats ha appena ucciso tutti i suoi amici, uomini e cani. Pieno di rabbia, Buck si lancia contro la tribù e ne uccide alcuni, mentre gli altri fuggono come attaccati dal diavolo. Anche se sopraffatto dalla morte dell'amico, Buck è felice di aver sconfitto l'uomo (simboleggiato dai nativi americani), "il gioco più nobile di tutti" (p. 83). Sa che d'ora in poi non avrà più paura.

Incontra quindi il branco di lupi, che lo provocano fin dall'inizio attaccandolo e mettendo alla prova la sua forza. Egli resiste a questa sfida e i lupi lo riconoscono come loro capo. Buck parte con loro, rispondendo finalmente alla chiamata che risuonava dentro di lui.

Gli indigeni affermano che i lupi della regione sono cambiati, sono più grandi e non temono più di avvicinarsi e di attaccare le fattorie, perché hanno un lupo grande, magnifico e imponente come leader. Questo stesso lupo esce di tanto in tanto dalla foresta per gridare la sua tristezza dal bordo del fiume che ha portato via il corpo di Thornton, dove una capanna e i sacchi d'oro sono sommersi dalla vegetazione.

STUDIO DEL CARATTERE

BUCK

Questo cane è un incrocio tra un San Bernardo e un cane da pastore scozzese che ha ereditato dai suoi genitori la taglia, il comportamento, la bellezza e l'intelligenza umana. È il re della proprietà in cui è cresciuto, amato e rispettato da tutti (lo considerano "re su tutti", un "aristocratico sazio", che si comporta in modo "giustamente regale", p. 6).

Essere venduto, colpito e trasformato in un cane da slitta è quindi un notevole shock per lui, ma la sua superiorità morale e il suo forte carattere gli insegnano ad adattarsi e a sopravvivere:

- Smette di reagire quando vede che il suo abbaiare fa ridere gli uomini;

- Sa mostrare la sua forza quando è necessario;

- Impara a rubare e a dominare psicologicamente gli altri (cani e uomini).

A prima vista, sembra che Buck subisca una caduta di status sociale e di rango; dopo essere stato un re, diventa un cane da slitta, picchiato e umiliato. Ma la sua storia non si ferma qui: si unisce ai lupi e ne diventa il capo. Da re tra gli umani, torna a essere ciò che è dentro, grazie alla sua storia personale e profonda: il re della natura fredda e della sua specie, i lupi. Cade per poi essere innalzato più in alto. Questo è il processo di iniziazione durante il quale subisce le sfide umilianti.

La sua metamorfosi non è solo interiore. Cambia anche fisicamente, diventando un vero cane del Nord: "Il suo sviluppo [...] fu rapido. I suoi muscoli divennero duri come il ferro e divenne insensibile al dolore ordinario. Raggiunse un'economia interna ed esterna. La vista e l'olfatto divennero straordinariamente acuti, mentre l'udito sviluppò una tale acutezza [...] La sua caratteristica più evidente fu la capacità di fiutare il vento [...]" (p. 22).

È l'equivalente del mondo animale di Thornton, di un certo personaggio umano. Lo scrittore fa quindi di Buck l'allegoria di un percorso umano completo, fatto di momenti di grandezza, di bassezze e di riconciliazione con se stessi.

Tra cani e lupi, si afferma grazie a tutte le sue qualità.

SPITZ

Spitz, nemico giurato di Buck, è un buon capobranco, forte ma spietato. La sua forza è solo fisica (i suoi denti). Simboleggia un capo senza morale o comprensione verso i suoi simili, il che spiega la voracità degli altri cani quando si lanciano sul suo cadavere.

Proprio come gli esseri umani, quando sente che il suo posto di leader è minacciato da qualcuno, è convinto di doverlo eliminare. La rivalità si risolve chiaramente applicando la legge della giungla.

DAVE E SOL-LEKS

Questi due cani si assomigliano per il loro spirito solitario e per la devozione che dimostrano verso il lavoro da svolgere.

Dave mostra un tratto caratteriale dei cani da slitta; questo cane è infatti ossessionato dal tirare la slitta, proprio come Sol-Leks. Quando si ammala, non accetta di essere protetto e messo da parte: vuole portare a termine il lavoro che lo ha stremato.

I due cani rappresentano l'operaio, l'artigiano o semplicemente il servitore il cui scopo principale nella vita è il lavoro e che non può immaginare la propria esistenza al di fuori delle attività quotidiane o degli ordini che gli vengono impartiti.

PERRAULT E FRANÇOIS

Come Dave e Sol-Leks, Perrault e François sono ossessionati dal lavoro e dal senso del dovere. Si prendono molta cura dei loro compagni di viaggio, i cani, il che è fondamentale per il successo delle loro attività: distribuiscono il cibo in modo equo, fanno le scarpette per le zampe dei cani e intervengono quando i combattimenti tra gli animali diventano troppo violenti. Hanno un senso di responsabilità, ma sanno anche che la natura regola certe cose da sola, per questo lasciano che Buck e Spitz mettano fine alla loro lotta per la supremazia nel gruppo.

MANUEL

Il giardiniere che ha venduto Buck incarna la vittima delle comuni debolezze umane: è molto indebitato a causa del suo amore per la lotteria cinese. Anche se non è molto presente nel testo, ha un ruolo importante. Porta una lezione morale che ci fa pensare alle parabole bibliche: un'anima pura e maestosa come Buck può finire, per l'errore di un peccatore o di uno sciocco, in situazioni pietose.

HAL, CHARLES E MERCEDES

Questi tre personaggi, morti dopo essere annegati nel fiume freddo, sono avidi esploratori, avidi e inesperti. La loro spedizione è destinata a fallire; lo stesso London doveva aver visto gente simile durante le sue avventure nel Nord.

Mercedes, nonostante le scene in cui ha pietà dei cani, offre allo scrittore la possibilità di sottolineare il carattere irascibile di alcune donne.

JACK THORNTON

Simboleggia il cercatore d'oro che si è adattato perfettamente al suo ambiente, che ama la vastità del Nord e il suo isolamento, essendo lui stesso un po' asociale, ma molto legato ai suoi cani. Li ama tutti allo stesso modo. È l'unico a mantenere Buck civile, forse perché il cane lo vede come il suo equivalente umano. Come Buck, è spinto dallo stesso desiderio di essere al vertice e di dimostrare la propria superiorità.

Thornton è anche il sosia letterario di Jack London; i loro personaggi sono molto simili e i loro nomi hanno suoni simili.

ANALISI

EPIGRAFE

> *"Vecchi desideri nomadi saltano,*
>
> *Sfregamento alla catena del cliente*
>
> *Di nuovo dal suo sonno brumale*
>
> *Risveglia il ceppo ferino" (p. 5)*

L'epigrafe è un commento e una spiegazione del titolo e del testo, che ne chiarisce e sottolinea il significato. L'epigrafe, quindi, rappresenta un significato, invitando il lettore a leggere il testo in un modo particolare.

Questa epigrafe riassume quindi il viaggio di Buck: "Il richiamo della foresta", l'istinto che comincia subito a sentire dentro di sé quando raggiunge il Nord finisce per prevalere sui buoni comportamenti appresi a casa del giudice Miller. Non potrebbe agire diversamente, perché l'istinto segna il destino di ogni persona e basta un solo incidente per risvegliarlo: l'autore sottolinea fin dall'inizio del racconto che Buck è fatto per lavorare nella gelida solitudine dell'Alaska, "guidato da quell'istinto che veniva dai vecchi giorni di caccia del mondo primordiale" (p. 79).

NATURA UMANA E ANIMALE

Attraverso una storia sulla coscienza e sull'evoluzione di un cane, London racconta una storia che potrebbe riguardare anche un uomo. Questo è, tra l'altro, uno dei punti di forza del testo: è un'allegoria dell'uomo. Raccontando le disavventure, le esperienze e le imprese di un cane, una storia che, per inciso, potrebbe assolutamente essere vera, lo scrittore racconta indirettamente la storia di un uomo, senza rischiare di cadere nella trappola di scrivere una lezione letteraria sulla morale.

Le analogie tra l'uomo e il cane sono numerose e la scelta di utilizzare questo animale non è stata casuale: il cane è stato tra i primi animali ad essere addomesticati dall'uomo, ed è quindi uno dei più antichi compagni dell'uomo. Il legame che si sviluppa tra gli uomini e i loro cani in Nord America è familiare a London, grazie al suo passato di cercatore d'oro. Questo – così come l'infanzia e l'adolescenza, segnate da rapporti difficili con gli uomini – gli ha insegnato che la natura umana sta cambiando, che dietro i buoni comportamenti si nasconde un "richiamo della razza" e che i caratteri sono molto diversi.

I cani che London presenta lo illustrano in modo sottile: Buck è l'immagine dell'autore, una grande anima colpita dall'ingiustizia di alcuni, influenzata dal suo istinto nomade ma anche, come Thornton, un cercatore d'oro che mantiene il suo atteggiamento maestoso anche nelle condizioni brutali del Nord.

Alcuni cani illustrano le debolezze dell'uomo, mostrate chiaramente da Londra attraverso gli aggettivi rivelatori e parziali che vengono loro attribuiti:

- Billee ha una "eccessiva bontà d'animo";

- Joe è "acido e introspettivo";

- Pike è un "abile malfattore e ladro";

- Dub è un "maldestro sprovveduto".

Altri sono usati per sottolineare qualità che l'autore apprezza molto: Skeet e Nig, i due cani di Thornton, "non manifestavano alcuna gelosia nei confronti di [Buck]. Sembravano condividere la gentilezza e la grandezza di John Thornton" (p. 59).

ISTINTO

L'istinto, che è (in parte) responsabile dell'evoluzione di Buck e che viene citato fin dall'epigrafe, è più forte della coscienza: dopo molteplici sforzi, riemerge ed è incontrollabile. L'ululato del lupo che conclude il racconto mostra il ritorno definitivo di Buck alla natura selvaggia e il suo trionfo su uomini e bestie. La vittoria dell'istinto del lupo non è del tutto positiva, perché Buck viene sottoposto a un rito di iniziazione:

- Scopre il sangue e la caccia;

- Fraternizza con i lupi;

- Uccide gli uomini, confermando la vittoria assoluta dell'istinto;

- Si integra in un luogo che è allo stesso tempo terribile e molto intimo;

- La morte di Thornton, il suo equivalente umano e civilizzato, segna la fine dell'iniziazione.

È il suo istinto di lupo a dargli la forza di andare avanti e il desiderio di vivere ("la bestia primordiale che aveva fatto la sua strage e l'aveva trovata buona", p. 36).

LA METAFORA DEL NORD

La scelta del Nord come ambientazione della storia è evidentemente un'occasione per celebrare la bellezza di luoghi inesplorati e selvaggi che hanno mantenuto le loro caratteristiche ancestrali.

Ma questa terra dimenticata è soprattutto una metafora dell'istinto sopito in ognuno di noi e dei ricordi del passato che sono sepolti dentro di noi, come ci ricorda l'epigrafe.

È anche un'immagine che simboleggia la vita, con le sue sfide e le sue lotte che solo i più forti e adattati, come Buck, possono superare: è qui che affiora il darwinismo, sostenuto da London.

Infine, il Nord è un luogo primordiale, il luogo delle origini (è lì che Buck sente più intensamente Il richiamo della foresta, il suo istinto di lupo), con foreste gigantesche in cui ci si seppellisce per sfuggire al tempo e allo spazio (i sogni di Buck su creature per metà umane).

ULTERIORI RIFLESSIONI

ALCUNE DOMANDE SU CUI RIFLETTERE...

- Dopo aver letto il romanzo, quali punti in comune si possono trovare tra uomini e cani?

- In che modo possiamo dire che il viaggio di Buck è un'allegoria di quello dell'uomo?

- Cosa rappresenta il Nord?

- Come sarebbe stata diversa la storia se fosse stata raccontata dal punto di vista dell'uomo anziché da quello di Buck?

- Qual è la funzione e il significato dell'epigrafe del romanzo?

- Secondo London, chi ha sempre il sopravvento: l'istinto o la coscienza? Spiegate il punto di vista dell'autore su questo punto. Cosa ne pensate?

- Confrontate quest'opera con un altro libro di London, *Zanna Bianca*. Quali aspetti hanno in comune i due romanzi? Da questo confronto, fate un elenco dei temi preferiti dall'autore.

- La storia si conclude con l'ululato di un lupo. Secondo voi, qual è il significato simbolico di questo finale?

ULTERIORI LETTURE

EDIZIONE DI RIFERIMENTO

London, J. (1903) *Il richiamo della foresta.* [Online]. USA: Elegant Ebooks. [Accessed 1 September 2016]. Disponibile da: <http://www.ibiblio.org/ebooks/London/Call%20of%20 Wild.pdf>

STUDI DI RIFERIMENTO

Genette, G. (2002) *Seuils.* Parigi: Seuil.

Laffont, R. e Bompiani, V. eds. (1998) *Le Nouveau dictionnaire des auteurs.* Parigi: Robert Laffont.

Laffont, R. e Bompiani, V. eds. (1994) *Le nouveau dictionnaire des oeuvres.* Parigi: Robert Laffont.

Università di Nizza (1998) *Narratologia n°1. Le paratexte.* Nizza: Università di Nizza.

Zipes, J. (2006) *The Oxford encylopedia of Children's Literature.* Oxford: Oxford University Press.

Vogliamo sapere da voi!
Lasciate un commento sulla vostra biblioteca online
e condividete i vostri libri preferiti sui social media!

www.50minutes.com

Master ISBN: 9782808691000
ISBN cartaceo: 9782808612401
Deposito legale: D/2023/12603/1520

Copertura: © Primento

Concezione digitale a cura di Primento, il partner digitale degli editori.